T0275247

בְּעֶשֶׂר דַּקּוֹת

Ten-Minute Hebrew Reader II

Written by

Roberta Osser Baum

Illustrated by

Larry Nolte

Behrman House, Inc.

Project Editor: Ruby G. Strauss

Book Design: Itzhack Shelomi

Cover Art: Lane Yerkes

Copyright © 1998 by Behrman House, Inc.

www.behrmanhouse.com

ISBN:0-87441-660-4/ISBN 13:978-0-87441-660-2

MANUFACTURED IN THE UNITED STATES OF AMERICA

How to Use This Book

At the beginning of a class session, before you begin studying your regular Hebrew textbook, practice your reading. The *Ten-Minute Hebrew Reader II* is divided into 22 Reading Workouts. Each one can be completed in just ten minutes.

Some of the exercises in the *Ten-Minute Hebrew Reader II* are so useful your teacher may decide to repeat them. Others are so much fun you may want to use the ten minutes to complete only half of the workout and finish the rest of the exercise materials at the beginning of your next session. If you take the book home, you can practice there too.

As you complete the exercises, your reading will become more accurate—you'll find yourself making fewer and fewer mistakes. And your fluency will improve too, as you read faster and faster. By the time you finish all 22 workouts in the *Ten-Minute Hebrew Reader II*, you will certainly deserve the Award on the last page of the book!

Alef Bet Warm-Up

Read each word aloud together.
Then leader calls out the name of a Hebrew letter and class reads the word that begins with that letter. Continue until the names of all the letters have been called.

1 אָדָם	2 בְּרָכָה	3 גְּבוּרוֹת	4 דָּת
5 הַגָּדָה	6 וִדּוּי	7 זִכָּרוֹן	8 חַלָּה
9 טַלִּית	10 יִשְׂרָאֵל	11 כִּפָּה	12 לוּלָב
13 מִצְוָה	14 נֵרוֹת	15 סֻכָּה	16 עֵץ
17 פְּרִי	18 צְדָקָה	19 קָדוֹשׁ	20 רַעֲשָׁן
21 שׁוֹפָר	22 תּוֹרָה		

Vowel Word Play

The first player reads the first word-part (אֲ).
The second player reads the second word-part (שֶׁר).
The third player reads the whole word (אֲשֶׁר).
Continue around the class.

1	אֲ	שֶׁר	אֲשֶׁר
2	לַעֲ	שׂוֹת	לַעֲשׂוֹת
3	נֶאֱ	מָן	נֶאֱמָן
4	אֲסוּ	רִים	אֲסוּרִים
5	בֶּאֱ	מֶת	בֶּאֱמֶת
6	עֲלֵי	כֶם	עֲלֵיכֶם
7	הַמַּ	עֲרִיב	הַמַּעֲרִיב
8	לְהַ	חֲיוֹת	לְהַחֲיוֹת
9	אֱלֹ	הֵינוּ	אֱלֹהֵינוּ
10	וְצָ	הֳרָיִם	וְצָהֳרָיִם
11	בְּרַ	חֲמָיו	בְּרַחֲמָיו
12	שֶׁהֶ	חֱיָנוּ	שֶׁהֶחֱיָנוּ

Lung Power

Read each line aloud without taking a breath!

1 אֲשֶׁר בָּרָא אֱלֹהִים לַעֲשׂוֹת

2 אֱלֹהֵינוּ וֵאלֹהֵי אֲבוֹתֵינוּ

3 שֶׁהֶחֱיָנוּ וְקִיְּמָנוּ וְהִגִּיעָנוּ

4 אַהֲבָה רַבָּה אֲהַבְתָּנוּ

5 וְנֶאֱמָן אַתָּה לְהַחֲיוֹת הַכֹּל

6 תּוֹרַת חַיִּים וְאַהֲבַת חֶסֶד

Reading Workout 2

Dalet Resh Race

Take turns reading the lines.
Can you read all six lines in 45 seconds?

1 דֶ דוֹ דִ דָי דְ דֵ דוֹ דִי
2 רָ רֶ רוֹ רֶי רַי רֹ רֵ רָיו
3 דִ דֹ רוּ דַ רוֹ דָ רֵי דֶ
4 דוֹל הֵרָ דָגוּ חוּר בִּיר דוּר
5 חִיד פּוֹדֶ רוֹב סִיד אוֹר דוֹשׁ
6 בְּקָרוֹב דוּר סִדוּר תִּרְדוֹף אַדִּיר יָחִיד

Passover Bingo Stretch

Leader calls out a number and letter (example: 3B) and class reads the matching word (מַצָּה).

C	B	A	
כַּרְפַּס	וּרְחַץ	קַדֵּשׁ	1
רָחְצָה	מַגִּיד	יַחַץ	2
מָרוֹר	מַצָּה	מוֹצִיא	3
צָפוּן	שֻׁלְחָן עוֹרֵךְ	כּוֹרֵךְ	4
נִרְצָה	הַלֵּל	בָּרֵךְ	5

Alphabet Aerobics

These phrases are in the order of the Hebrew alphabet. They come from a Passover song called אַדִּיר הוּא. Read the 22 lines together. Then take turns reading them.

1 אַדִּיר הוּא
2 בָּחוּר הוּא
3 גָּדוֹל הוּא
4 דָּגוּל הוּא
5 הָדוּר הוּא
6 וָתִיק הוּא
7 זַכַּאי הוּא
8 חָסִיד הוּא
9 טָהוֹר הוּא
10 יָחִיד הוּא
11 כַּבִּיר הוּא
12 לָמוּד הוּא
13 מֶלֶךְ הוּא
14 נוֹרָא הוּא
15 סַגִּיב הוּא
16 עִזּוּז הוּא
17 פּוֹדֶה הוּא
18 צַדִּיק הוּא
19 קָדוֹשׁ הוּא
20 רַחוּם הוּא
21 שַׁדַּי הוּא
22 תַּקִּיף הוּא

Chorus Cool-Down

These are the words of the chorus of אַדִּיר הוּא.
Read the five lines together. Can you sing them?

1 יִבְנֶה בֵיתוֹ בְּקָרוֹב
2 בִּמְהֵרָה, בִּמְהֵרָה,
3 בְּיָמֵינוּ בְּקָרוֹב
4 אֵל בְּנֵה, אֵל בְּנֵה,
5 בְּנֵה בֵיתְךָ בְּקָרוֹב.

Reading Workout 3

Team Reading

Count off 1–2, 1–2, and so on around the room. All the 1's form Team 1. All the 2's form Team 2. Team 1 reads the first part of the word and Team 2 reads the ending sound in the box. Then switch so that Team 2 reads the first part of the word.

1 אֱלֹהֶי
2 יָדֶ
3 בְּבֵיתֶ
4 וּבִשְׁעָרֶי
5 לְבָבְ

ךָ

6 עֵינֶי
7 לְבָנֶי
8 וּבְקוּמְ
9 בֵּיתֶ
10 מְאֹדֶ

ךָ

Prayer Power

Read this prayer aloud together.
Can you read the three lines in 20 seconds? Practice until you can.

1 וּקְשַׁרְתָּם לְאוֹת עַל יָדֶךָ
2 וְהָיוּ לְטֹטָפֹת בֵּין עֵינֶיךָ
3 וּכְתַבְתָּם עַל מְזֻזוֹת בֵּיתֶךָ וּבִשְׁעָרֶיךָ.

Read the Prophets

Read together the names of 18 prophets.

Then leader calls out a number and class reads the name of that prophet.

4 שְׁמוּאֵל	3 דְּבוֹרָה	2 יְהוֹשֻׁעַ	1 מֹשֶׁה
8 הוֹשֵׁעַ	7 יְחֶזְקֵאל	6 יִרְמְיָה	5 יְשַׁעְיָה
12 מִיכָה	11 עֹבַדְיָה	10 עָמוֹס	9 יוֹאֵל
16 חַגַּי	15 צְפַנְיָה	14 חֲבַקּוּק	13 נַחוּם
		18 מַלְאָכִי	17 זְכַרְיָה

Genesis Jog

Take turns reading the 12 names of the portions from the first book in the Torah.

4 וַיֵּרָא	3 לֶךְ־לְךָ	2 נֹחַ	1 בְּרֵאשִׁית
8 וַיִּשְׁלַח	7 וַיֵּצֵא	6 תּוֹלְדֹת	5 חַיֵּי שָׂרָה
12 וַיְחִי	11 וַיִּגַּשׁ	10 מִקֵּץ	9 וַיֵּשֶׁב

Turn back to the *DALET RESH* RACE on page 6.
Can you read the six lines in 40 seconds?

Enter your time here:

I read the six lines on page 6 in _____ seconds.

Date: _____

Reading Workout 4

Musical Warm-Up

Take turns reading each line.

Then sing the sounds together to the tune of "Happy Birthday."

1 חֵ כוּ ךָ כֶ הָ הֵי

2 חִי חַ יֵי כֹל לְךָ

3 כֶ חַל כֶם חֱ מִי הוּדָ

4 כָן חֲווּ חוֹ הָיָה

Now sing "Happy Birthday" in Hebrew!

יום הוּלֶדֶת שָׂמֵחַ.

Say Ah!

Count off 1–2–3–4 to form four teams.

All 1's read line 1 together, all 2's read line 2, and so on.

Teams change numbers to read different lines.

1 לְךָ שִׂיחָה כָמֹכָה יְהוּדָה עִירְךָ

2 שֶׁלְךָ חַלָה פָּתְחָה אַהֲבָה בְּרָכָה

3 הַשָׁנָה מָחָר עַמְךָ רָצָה צְדָקָה

4 הָיָה אֲדָמָה פָּנֶיךָ מַלְכוּתְךָ תְהִילָה

Calendar Aerobics

Read the names of the Hebrew months together.
Then leader calls out numbers and class reads matching months.

9	סִיוָן	5	שְׁבָט	1	תִּשְׁרֵי
10	תַּמוּז	6	אֲדָר	2	חֶשְׁוָן
11	אָב	7	נִיסָן	3	כִּסְלֵו
12	אֱלוּל	8	אִיָּר	4	טֵבֵת

Holiday Cheer!

Take turns reading the names of the Jewish holidays.

7	ט״ו בִּשְׁבָט	1	שַׁבָּת
8	פּוּרִים	2	רֹאשׁ הַשָּׁנָה
9	פֶּסַח	3	יוֹם כִּפּוּר
10	יוֹם הָעַצְמָאוּת	4	סֻכּוֹת
11	יוֹם יְרוּשָׁלַיִם	5	שִׂמְחַת תּוֹרָה
12	שָׁבוּעוֹת	6	חֲנֻכָּה

Relay Race

There are four words on each line. The first runner reads the first word. The second runner reads the first and second words. The third runner reads words 1, 2, and 3, and the fourth reads all four words on the line.

1 מֶלֶךְ מַלְכָּה יִמְלֹךְ מַלְכֵי

2 מָלָךְ מַלְכֵנוּ מְלָכִים מַלְכוּת

3 תִמְלוֹךְ מַלְכוּתְךָ מַלְכֻיוֹת מַלְכוּתוֹ

Prayer Power

Take turns reading the four lines.

1 אֱלֹהֵינוּ וֵאלֹהֵי אֲבוֹתֵינוּ,

2 מְלוֹךְ עַל כָּל־הָעוֹלָם כֻּלּוֹ בִּכְבוֹדֶךָ.

3 בָּרוּךְ אַתָּה, יְיָ, מֶלֶךְ עַל כָּל־הָאָרֶץ,

4 מְקַדֵּשׁ יִשְׂרָאֵל וְיוֹם הַזִּכָּרוֹן.

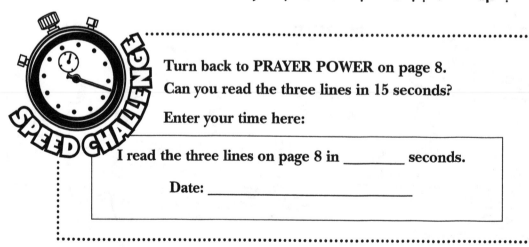

SPEED CHALLENGE

Turn back to PRAYER POWER on page 8.
Can you read the three lines in 15 seconds?

Enter your time here:

I read the three lines on page 8 in ________ seconds.

Date: ______________________________

One-On-One

Choose a partner and alternate reading the words on each line.

1 זֵכֶר יִזְכּוֹר זִכָּרוֹן זָכְרֵנוּ

2 זוֹכֵר זִכְרוֹנוֹת וּזְכַרְתֶּם זָכוֹר

3 תִּזְכְּרוּ וְזָכַרְתָּ זִכְרוֹנָה בְּזִכְרוֹן

4 וַיִּזְכֹּר אֶזְכֹּר תִּזְכּוֹר וְזָכַרְתִּי

Prayer Power

Read the three lines together.

1 וַיִּזְכֹּר אֱלֹהִים אֶת־נֹחַ וְאֵת כָּל־הַחַיָּה...

2 אֱלֹהֵינוּ וֵאלֹהֵי אֲבוֹתֵינוּ, זָכְרֵנוּ בְּזִכְרוֹן טוֹב לְפָנֶיךָ...

3 בָּרוּךְ אַתָּה, יְיָ, זוֹכֵר הַבְּרִית.

Shofar Tongue Twister

See how fast you can read the sounds of the shofar without twisting your tongue.

1 תְּקִיעָה שְׁבָרִים תְּרוּעָה תְּקִיעָה

2 תְּקִיעָה שְׁבָרִים תְּקִיעָה

3 תְּקִיעָה תְּרוּעָה תְּקִיעָה

Reading Workout 6

Double Jump

Take turns reading two words in a row.
Can you read all the word pairs in 40 seconds?

1	אָבוֹת	אֲבוֹתֵינוּ	2	חֶסֶד	חֲסָדִים
3	קָדְשְׁךָ	קִדְשָׁנוּ	4	הַמְבֹרָךְ	יְבָרֵךְ
5	יִזְכּוֹר	זִכְרוֹנֵינוּ	6	עוֹמֵד	עֲמִידָה
7	מַלְכֵּנוּ	תִּמְלֹךְ	8	אַהֲבָה	אֲהַבְתָּנוּ
9	מִצְוָה	מִצְוֹת	10	שַׁבָּת	שַׁבָּתוֹן
11	עֹשֶׂה	יַעֲשֶׂה	12	שָׁלוֹם	בִּשְׁלוֹמֶךָ

A Song of Friendship

Read these words together. Then sing them.

שָׁלוֹם חֲבֵרִים, שָׁלוֹם חֲבֵרִים, שָׁלוֹם, שָׁלוֹם,
לְהִתְרָאוֹת, לְהִתְרָאוֹת, שָׁלוֹם, שָׁלוֹם.

Zoo Jog

Leader calls out a number and class reads the matching Hebrew word.
Then leader calls out an English word and class reads the matching
Hebrew.

giraffe	גִּירָפָה	3	lion	אַרְיֵה	2	elephant	פִּיל	1
horse	סוּס	6	bear	דֹב	5	tiger	נָמֵר	4
dog	כֶּלֶב	9	camel	גָמָל	8	monkey	קוֹף	7

Lung Power

Read each line aloud without taking a breath!

1 וַעֲשִׂיתֶם אֶת כָּל מִצְוֹתָי

2 תְּהִילָה לְכָל חֲסִידָיו

3 מְקַדֵּשׁ הַשַּׁבָּת

4 בָּרוּךְ שֵׁם כְּבוֹד מַלְכוּתוֹ

5 אַהֲבַת עוֹלָם בֵּית יִשְׂרָאֵל

6 וּבְכָל שָׁעָה בִּשְׁלוֹמֶךָ

Reading Workout 7

Touring in יִשְׂרָאֵל

Take turns reading the names of these places in יִשְׂרָאֵל.

1 יָם סוּף   אֵילַת   נֶגֶב

2 בְּאֵר שֶׁבַע   יַם הַמֶּלַח   מְצָדָה

3 יְרוּשָׁלַיִם   יָפוֹ   תֵּל אָבִיב

4 חֵיפָה   הַגָּלִיל   צְפַת

Eating in יִשְׂרָאֵל

Read the items on the shopping list.
Do you recognize these foods?

1 בָּנָנָה   קוֹרְן פְלֵיקְס   חַלָּה

2 סְפַּגֶטִי   פַּפְּקוֹרְן   פֶּפְּסִי

3 קָפֶה   קוֹקָה קוֹלָה   פִּיצָה

The Days of the Week

The first player reads the first day (יוֹם רִאשׁוֹן). The second player reads the first and second day. The third player reads the first, second, and third day. Each player adds one more day.

1 יוֹם רִאשׁוֹן

2 יוֹם שֵׁנִי

3 יוֹם שְׁלִישִׁי

4 יוֹם רְבִיעִי

5 יוֹם חֲמִישִׁי

6 יוֹם שִׁשִּׁי

What special name do we call the seventh day?

Blessing Bee

Read the blessings together.
Can you read all six blessings in 30 seconds?

1 בָּרוּךְ אַתָּה יְיָ חוֹנֵן הַדָּעַת.

2 בָּרוּךְ אַתָּה יְיָ גּוֹאֵל יִשְׂרָאֵל.

3 בָּרוּךְ אַתָּה יְיָ רוֹפֵא חוֹלֵי עַמּוֹ יִשְׂרָאֵל.

4 בָּרוּךְ אַתָּה יְיָ מְבָרֵךְ הַשָּׁנִים.

5 בָּרוּךְ אַתָּה יְיָ מְקַבֵּץ נִדְחֵי עַמּוֹ יִשְׂרָאֵל.

6 בָּרוּךְ אַתָּה יְיָ שׁוֹמֵעַ תְּפִלָּה.

17

Reading Workout 8

Chaf Kaf Karate

Read lines 1–4 together.
Can you read all four lines in 50 seconds?

1 כַּכָּתוּב כָּמוֹהוּ מַלְכֵּנוּ כֹּהֲנִים כִּסְאוֹ

2 אֲכִילַת צֵאתְכֶם מַלְאֲכֵי עֵינֵיכֶם

3 כֻּלָּנוּ סֻכָּה חֲנֻכָּה כָּנָף כְּבוֹד

4 וּבְרָכָה בְּשָׁכְבֵּנוּ בּוֹאֲכֶם יְבָרְכוּכָה

Tongue Twister

Read these words over and over again as fast as you can!

כָּמֹכָה כְּכָל שֶׁכָּכָה כִּכְלוֹת כָּל־כּוֹכְבֵי

Odds and Evens

Watch out for look-alike letters as you read. Count off 1–2, 1–2, and so on around the room. The 1's read the odd-numbered lines together. The 2's read the even-numbered lines together. Switch and read once again.

1 פּוֹתֵחַ בְּרָכוֹת שׁוֹפָר כְּמוֹ

2 יַעֲשֶׂה פְּתַח שַׁבָּת תַּחֲנָה

3 נֵס תְּמוּט שָׁמַיִם כִּמְעַט

4 יָוָן דּוֹרוֹת יַחְדָו דְּבָרַי

5 וַיִּין צִיצִת תִּקְוָה מְזוּזָה

6 מִצְרַיִם לְמַעַן מִצְוֹת לְעוֹלָם

Passover Power

Read the Four Questions together.
Which question can you read the fastest?

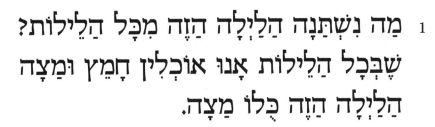

1 מַה נִשְׁתַּנָה הַלַּיְלָה הַזֶּה מִכָּל הַלֵּילוֹת?
שֶׁבְּכָל הַלֵּילוֹת אָנוּ אוֹכְלִין חָמֵץ וּמַצָה
הַלַּיְלָה הַזֶּה כֻּלוֹ מַצָה.

2 שֶׁבְּכָל הַלֵּילוֹת אָנוּ אוֹכְלִין שְׁאָר יְרָקוֹת
הַלַּיְלָה הַזֶּה מָרוֹר.

3 שֶׁבְּכָל הַלֵּילוֹת אֵין אָנוּ מַטְבִּילִין
אֲפִלוּ פַּעַם אֶחָת
הַלַּיְלָה הַזֶּה שְׁתֵּי פְעָמִים.

4 שֶׁבְּכָל הַלֵּילוֹת אָנוּ אוֹכְלִין
בֵּין יוֹשְׁבִין וּבֵין מְסֻבִּין
הַלַּיְלָה הַזֶּה כֻּלָנוּ מְסֻבִּין.

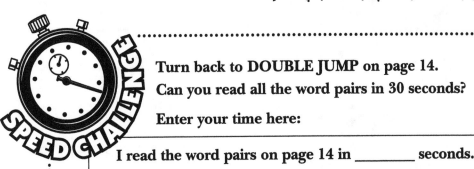

Turn back to DOUBLE JUMP on page 14.
Can you read all the word pairs in 30 seconds?

Enter your time here:

I read the word pairs on page 14 in _______ seconds.

Date: ___________________________

Reading Workout 9

Team Reading

Count off 1–2, 1–2, and so on around the room. All the 1's form Team 1. All 2's form Team 2. Team 1 reads the first part of the word and Team 2 reads the ending sound in the box. Then switch so that Team 2 reads the first part of the word.

Box: חַ

1 נְזַבֵּ
2 שׁוֹלֵ
3 הַמְנַבֵּ
4 סוֹלֵ
5 הַמִּזְבֵּ

Box: חַ

6 מְשַׂמֵּ
7 מַטְבֵּ
8 לְהָנִי
9 לְשַׁבֵּ
10 וּמַצְמִי

Holiday Song

Practice this Ḥanukkah song.

1 מָעוֹז צוּר יְשׁוּעָתִי
2 לְךָ נָאֶה לְשַׁבֵּחַ
3 תִּכּוֹן בֵּית תְּפִלָּתִי
4 וְשָׁם תּוֹדָה נְזַבֵּחַ
5 לְעֵת תָּכִין מַטְבֵּחַ
6 מִצָּר הַמְנַבֵּחַ
7 אָז אֶגְמוֹר בְּשִׁיר מִזְמוֹר
8 חֲנֻכַּת הַמִּזְבֵּחַ

Word Play

Leader calls out a number and class reads the matching Hebrew word. Then leader calls out an English word and class reads the matching Hebrew.

1	שָׂמֵחַ	happy
2	כּוֹעֵס	angry
3	בַּיְשָׁן	bashful
4	עַקְשָׁן	stubborn
5	מְשֻׁעֲמָם	bored
6	נִרְגָּשׁ	excited
7	פַּחְדָן	fearful
8	עָצוּב	sad
9	חָמוּץ	sour
10	מִתְלַהֵב	enthusiastic

Hay Chet Drama

Watch out for the look-alike letters as you read each line aloud together.
Select a line to read enthusiastically.
Use the emotions found in the exercise above to do other dramatic readings.

1 הַיָּם חֵרוּתֵנוּ הַזֶּה חַסְדְּךָ

2 בִּמְהֵרָה חַיִּים לִהְיוֹת חַג

3 הַמַּחֲזִיר אֲנַחְנוּ הָאֲרָצוֹת רוּחִי

4 מְשִׁיחֶךָ אַהֲבַת הַמְיֻחָד תְּחִילָּה

Reading Workout 10

Timed Reading

Can you read all three lines in 20 seconds?

1 וְטַ וְאָ וְיָ וְקִ וְרוֹ וְהַ

2 וְהִשְׁ וְנִסְ וְתִמְ וְלִכְ וְיִבְ וְיֵדְ

3 וְנִרְ וְהַגְ וְאַרְ וְקוֹרְ וְלִמְ וְשַׂמְ

Reading Relay

Count off 1–2–3, 1–2–3, and so on around the room.
Player 1 reads the first word-part (וְרוֹ).
Player 2 reads the second word-part (פֵא).
Player 3 reads the whole word (וְרוֹפֵא).
Continue until all players have read twice.

1 וְרוֹ פֵא וְרוֹפֵא

2 וְתִשְׁ בָּחוֹת וְתִשְׁבָּחוֹת

3 וְהַגְ בוּרָה וְהַגְבוּרָה

4 וְתִמְ כֶיה וְתִמְכֶיהָ

5 וְקוֹרְ אֵי וְקוֹרְאֵי

6 וְאַ הֲבַת וְאַהֲבַת

7 וְאָ עִירָה וְאָעִירָה

8 וְהִשְׁ תַּחֲווּ וְהִשְׁתַּחֲווּ

9 וְרַ חֲמִים וְרַחֲמִים

10 וּשַׂמְ תֶּם וּשַׂמְתֶּם

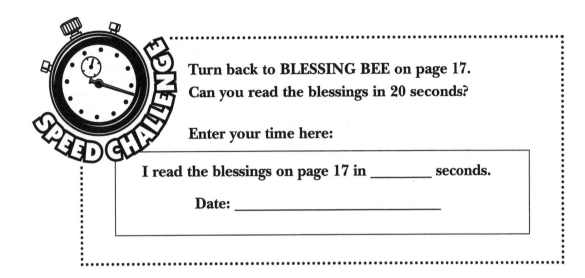

Turn back to BLESSING BEE on page 17.
Can you read the blessings in 20 seconds?

Enter your time here:

I read the blessings on page 17 in ________ seconds.

Date: ______________________________

Torah Verses

Read each phrase from Parashat Noaḥ.

1 נֹחַ אִישׁ צָדִיק תָּמִים הָיָה בְּדֹרֹתָיו

2 וַיְהִי הַגֶּשֶׁם עַל הָאָרֶץ אַרְבָּעִים יוֹם וְאַרְבָּעִים לָיְלָה

3 וַיִּזְכֹּר אֱלֹהִים אֶת נֹחַ וְאֵת כָּל הַחַיָּה

4 וַיְשַׁלַּח אֶת הַיּוֹנָה מֵאִתּוֹ

5 וְנִרְאֲתָה הַקֶּשֶׁת בֶּעָנָן

6 וְזָכַרְתִּי אֶת בְּרִיתִי

Oo Oh Climbing Skills

Be careful with the וֹ and וּ vowels as you climb!

Form two teams. Each team climb up your ladder by reading words 1–10.
Then climb down (10–1). Now climb up and down the other team's
ladder.

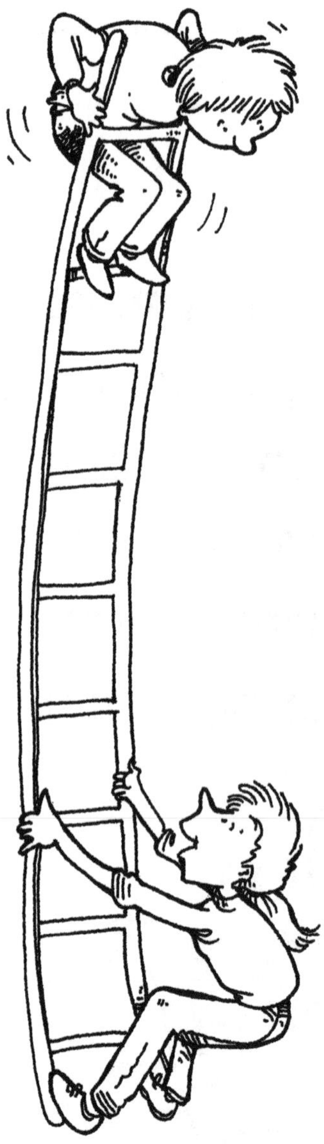

TEAM 2		TEAM 1	
מְזֻזוֹת	10	מִצְוֺתַי	10
וּבְקוּמֵנוּ	9	מְסֻבִּין	9
נוֹפְלִים	8	תְּהִלַּת	8
בְּחֶפְצוֹ	7	וְנָשׁוּבָה	7
יְרוּשָׁלַיִם	6	הַמְיֻחָד	6
תּוֹרָתֵנוּ	5	אֲנַחְנוּ	5
בְּחֻקֶּיךָ	4	קָדְשִׁים	4
צְבָאוֹת	3	הַגְּדֻלָּה	3
וְיָנוּחוּ	2	בִּמְרוֹמָיו	2
יוֹדוּךָ	1	צִיּוֹן	1

Vo Stretch and Match

Look out! Most of the time וֹ says OH (צוֹ). Sometimes וֹ says VO (צְוֹ עֲוֹ). Stretch across. Read lines 1–5. Stretch down. Read columns A–E. Leader call out a number and letter (example: 5C). Class reads the matching word (עֲוֹנָה).

E	D	C	B	A	
רְצוֹנֶךָ	מִצְוָה	עֲוֹנִי	רָצָה	מִצְוֹת	**1**
עֲוֹנֹתַי	לְרָצוֹן	מִצְוֹתַי	צוֹדֵק	רָצוֹן	**2**
בְּמִצְוֹתָיו	אַרְצוֹת	מִצְרָיִם	בְּמִצְוֹת	וְצִוָּנוּ	**3**
מְצוֹרָע	צוֹרֶךְ	צוֹפִיָּה	מַצּוֹת	עָוֹן	**4**
מִצִּיּוֹן	צִוָּה	עֲוֹנָה	מִצְוַת	בְּמִצְוֹתַי	**5**

Lung Power

Read each line without taking a breath.

1 קַדְּשֵׁנוּ בְּמִצְוֹתֶיךָ

2 וּבְמִצְוֹתֶיךָ תִּרְדּוֹף נַפְשִׁי

3 בְּמִצְוֹתָיו וְצִוָּנוּ

4 וַעֲשִׂיתֶם אֶת כָּל מִצְוֹתָי

5 אַל תִּזְכָּר־לָנוּ עֲוֹנֹת

Prayer Time

Practice reading the ten blessing words.

בָּרוּךְ אַתָּה יְיָ אֱלֹהֵינוּ מֶלֶךְ הָעוֹלָם

אֲשֶׁר קִדְּשָׁנוּ בְּמִצְוֹתָיו וְצִוָּנוּ

Reading Workout 12

Teamwork

Count off 1–4 to form teams of four players each. Each player on the team reads the matching column. (Team A: player 1 reads column 1, player 2 reads column 2 and so on.)

4	3	2	1
וְאָהַבְתָּ	אָבוֹת	גְאוּלָה	מַה טֹּבוּ
בָּרְכוּ	אַהֲבָה רַבָּה	קְדוּשָׁה	גְבוּרוֹת
קִדּוּשׁ	שְׁמַע	עָלֵינוּ	בִּרְכַּת הַחֹדֶשׁ
יוֹצֵר אוֹר	קַדִּישׁ	בָּרוּךְ שֶׁאָמַר	יִגְדַּל

Prayer Time

Practice reading each prayer phrase.

1 מַה טֹּבוּ אֹהָלֶיךָ יַעֲקֹב

2 עָלֵינוּ לְשַׁבֵּחַ לַאֲדוֹן הַכֹּל

3 אַהֲבָה רַבָּה אֲהַבְתָּנוּ יְיָ אֱלֹהֵינוּ

4 וְאָהַבְתָּ אֵת יְיָ אֱלֹהֶיךָ

5 לְכָה דוֹדִי לִקְרַאת כַּלָּה

Relay Race

There are four names on each line. The first runner reads the first name. The second runner reads the first and second names. The third runner reads names 1, 2, and 3. The fourth runner reads all four names on the line.

1	מֹשֶׁה	שִׁמְעוֹן	יוֹסֵף	לֵאָה
2	שְׁמַעְיָה	שָׂרָה	הִלֵּל	שַׁמַּי
3	רוּת	גַּמְלִיאֵל	יוֹחָנָן	רִבְקָה
4	אֶלְעָזָר	טַרְפוֹן	חֲנִינָא	דִּינָה
5	אוֹרָה	חַנָּה	עֲקִיבָא	לְוִיטַס

Cool Down

Read each line. Can you read all five lines in 60 seconds?

1 וְהַתְקֵן עַצְמְךָ לִלְמֹד תּוֹרָה

2 מַרְבֶּה צְדָקָה מַרְבֶּה שָׁלוֹם

3 אַל תִּפְרֹשׁ מִן הַצִּבּוּר

4 כָּל יִשְׂרָאֵל עֲרֵבִים זֶה בָּזֶה

5 וְאִם לֹא עַכְשָׁו אֵימָתַי

Aw Oh Tongue Twisters

Watch out for AW vowel כָל כָּל קֳד.
Read lines 1, 2, and 3.
Try it two more times reading faster each time.

1 כָּל מִכָּל קוֹל וּבְכָל קֳדוּ
2 כֹּל קִדְשָׁ בְּכָל קֳד כָל
3 קְדוּשָׁ צָהֱ קִדַשׁ הַכֹּל קֳד

How quickly can you read each line below without twisting your tongue?

Read a line and then call on a classmate to read the next line and so on until everyone has had a chance to read.

1 קֳדְשׁוֹ כָל קִדוּשׁ קוֹל
2 קֹדֶשׁ קֳדְשְׁךָ בְּכָל קְדוּשָׁה
3 קִדַשְׁתָּ וּבְכָל הַקּוֹל וְצָהֳרָיִם
4 כָּל קִדְשָׁנוּ מְקַדֵּשׁ קֳדְשֶׁךָ

Lung Power

Read each phrase without taking a breath!

1 וְשַׁבַּת קָדְשׁוֹ בְּאַהֲבָה וּבְרָצוֹן

2 בְּכָל לְבָבְךָ וּבְכָל נַפְשְׁךָ וּבְכָל מְאֹדֶךָ

3 בְּכָל עֵת וּבְכָל שָׁעָה בִּשְׁלוֹמֶךָ

4 בִּירוּשָׁלַיִם עִיר קָדְשֶׁךָ

5 שֶׁבְּכָל הַלֵּילוֹת אָנוּ אוֹכְלִין

6 וִיבָרֵךְ כָּל בָּשָׂר שֵׁם קָדְשׁוֹ

7 גַּם בְּשִׂמְחָה וּבְצָהֳלָה

Prayer Partners

Divide the class in half. One half reads the first part of line 1. The other half reads the second part of line 1. Continue with lines 2, 3, and 4. Switch and read lines 1–4 once again. Can you read all four lines in 40 seconds?

1 אֲדוֹן עוֹלָם, אֲשֶׁר מָלַךְ   בְּטֶרֶם כָּל־יְצִיר נִבְרָא.

2 לְעֵת נַעֲשָׂה בְחֶפְצוֹ כֹּל   אֲזַי מֶלֶךְ שְׁמוֹ נִקְרָא.

3 וְאַחֲרֵי כִּכְלוֹת הַכֹּל   לְבַדּוֹ יִמְלוֹךְ נוֹרָא.

4 וְהוּא הָיָה וְהוּא הֹוֶה   וְהוּא יִהְיֶה בְּתִפְאָרָה.

Musical Sound-Alikes

Listen for sound-alike letters as you read each line aloud together. Take turns reading each line. Then sing the sounds to the tune of "I've Been Working on the Railroad."

1 כִּי קֹ קֶי כֵּי כָּל קֹדֶ זְכָּ
2 וֶ בֶ וָיו בוֹי הֲבָ צְוֹ בִיאֶ
3 סוּ שֵׁ שָׁ סוֹ סֹב נִסִי עֲשָׂ
4 תּ טֶי תָי טִ מִטוּ תֵּנוּ טַה
5 חֲ כוּ כֹ חֱ חִיל כָל חַיֵי
6 עַ אֱ אִ עוֹ אֶ עֵ אַי עֹ עָ אוּ

Now sing a real song for Ḥanukkah!

סְבִיבוֹן סֹב סֹב חֲנֻכָּה הוּא חַג טוֹב.
חֲנֻכָּה הוּא חַג טוֹב. סְבִיבוֹן סֹב סֹב.

Turn back to *CHAF KAF* KARATE on page 18.
Can you read the four lines in 35 seconds?

Enter your time here:

I read the four lines on page 18 in ________ seconds.

Date: ______________________________

Bet Vet-Kaf Chaf Baseball

Count off 1–2–3, 1–2–3 around the room to create teams of 3 players.
Each team player reads one column of words to get on base.
Team reads all three columns together to score a home run.

Third Base	Second Base	First Base	
בְּרֵאשִׁית	אֱלֹהֵיכֶם	וַיְכֻלּוּ	1
בְּאַהֲבָה	חָכְמָה	בָּחַרְתָּ	2
וַיְכַל	כּוֹרְעִים	בָּרְכֵנוּ	3
בְּרָכָה	כְּמַלְכֵּנוּ	כָּמֹכָה	4
לְכָבוֹד	בִּנְבִיאִים	כִּכְלוֹת	5
מְלַאכְתּוֹ	בְּטוּבוֹ	דְּרָכֶיהָ	6

Word Match

Read the word in the box. Then read the phrases which follow.

1 בַּיּוֹם

וַיְכַל אֱלֹהִים בַּיּוֹם הַשְּׁבִיעִי

וַיִּשְׁבֹּת בַּיּוֹם הַשְּׁבִיעִי

2 הַשְּׁבִיעִי

בַּיּוֹם הַשְּׁבִיעִי

אֶת יוֹם הַשְּׁבִיעִי וַיְקַדֵּשׁ אוֹתוֹ

3 אֱלֹהִים

וַיְבָרֶךְ אֱלֹהִים אֶת יוֹם

אֱלֹהִים לַעֲשׂוֹת

4 מְלַאכְתּוֹ

מְלַאכְתּוֹ אֲשֶׁר עָשָׂה

כִּי בוֹ שָׁבַת מִכָּל מְלַאכְתּוֹ

Reading Workout 15

Odds and Evens

Count off 1–2, 1–2, and so on around the room.
The 1's read the odd-numbered lines together.
The 2's read the even-numbered lines together.
Can you read the six lines in 60 seconds?

1 מֻנַּח זַרְקָא סֶגּוֹל רְבִיעִי

2 מַהְפַּךְ פַּשְׁטָא זָקֵף־קָטֹן זָקֵף־גָּדוֹל

3 מֵרְכָא טִפְחָא מֻנַּח אֶתְנַחְתָּא

4 פָּזֵר תְּלִישָׁא־קְטַנָּה תְּלִישָׁא־גְדוֹלָה

5 קַדְמָא וְאַזְלָא אַזְלָא־גֵרֵשׁ גֵּרְשַׁיִם

6 דַּרְגָּא תְּבִיר יְתִיב פְּסִיק סוֹף־פָּסוּק

Prayer Time

Create four teams. Each team reads the matching line. (Example: Team 1 reads line 1.) Switch and read lines 1–4 again. Then everyone reads lines 1–4 together.

1 בָּרוּךְ אַתָּה, יְיָ, אֱלֹהֵינוּ מֶלֶךְ הָעוֹלָם, אֲשֶׁר בָּחַר

2 בִּנְבִיאִים טוֹבִים וְרָצָה בְדִבְרֵיהֶם הַנֶּאֱמָרִים

3 בֶּאֱמֶת. בָּרוּךְ אַתָּה, יְיָ, הַבּוֹחֵר בַּתּוֹרָה וּבְמֹשֶׁה

4 עַבְדּוֹ וּבְיִשְׂרָאֵל עַמּוֹ וּבִנְבִיאֵי הָאֱמֶת וָצֶדֶק.

Basketball

Read a line and then pass the ball by calling the name of another player. That player reads the next line and the game continues.

1 עָלָה עָלֹה מִמַּעַל עוֹלֶה

2 עוֹלָה עוֹלִים עוֹלוֹת עֶלְיוֹן

3 עֲלִיָּה עָלֵינוּ מַעְלָה מַעֲלֶה

4 מַעֲלָה מַעֲלַת מַעְלָן מְעֻלֶּה

5 מַעֲלָתוֹ הַמַּעֲלוֹת מִלְמַעְלָה וְיִתְעַלֶּה

Prayer Partners

Practice reading the six lines with a partner. Partners then read the six lines aloud in unison.

1 בָּרְכוּ אֶת־יְיָ הַמְבֹרָךְ.

2 בָּרוּךְ יְיָ הַמְבֹרָךְ לְעוֹלָם וָעֶד.

3 בָּרוּךְ אַתָּה, יְיָ, אֱלֹהֵינוּ מֶלֶךְ הָעוֹלָם,

4 אֲשֶׁר בָּחַר־בָּנוּ מִכָּל־הָעַמִּים,

5 וְנָתַן־לָנוּ אֶת־תּוֹרָתוֹ.

6 בָּרוּךְ אַתָּה, יְיָ, נוֹתֵן הַתּוֹרָה.

Reading Workout 16

Dagesh Dash

Watch out for the *dagesh* — the dot inside a letter. Look for the sounded *dagesh* (בּ כּ פּ) and the silent *dagesh* (גּ סּ טּ) as you read.

Dash across. Read lines 1–5.

Dash down. Read columns A–D.

D	C	B	A	
מִתָּחַת	מֵעַפְעַפָּי	כָּמֹכָה	בִּדְבָרוֹ	1
נִשְׁתַּנָּה	בַּקֹּדֶשׁ	נִסִּים	צִיּוֹן	2
מִמִּצְרָיִם	בְּחֻקֶּיךָ	עַבְדֶּךָ	גְּאוּלָה	3
הַגְּדֻלָּה	בִּקְדֻשָּׁתוֹ	חַיִּים	מִטּוּבֶךָ	4
גְּוִיָּתִי	עֻזֶּךָ	וַיִּנָּפַשׁ	הָעַמִּים	5

Aerobic Workout

Take turns reading each line. Can you read all six lines in 45 seconds?

1 מִי כָּמֹכָה נֶאְדָּר בַּקֹּדֶשׁ

2 בְּאֵלִיָּהוּ הַנָּבִיא עַבְדֶּךָ

3 וּבַיּוֹם הַשְּׁבִיעִי שָׁבַת וַיִּנָּפַשׁ

4 לְדוֹר וָדוֹר נַגִּיד גָּדְלֶךָ

5 וְכֹל הַחַיִּים יוֹדוּךָ סֶּלָה

6 וְיִתְהַדַּר וְיִתְעַלֶּה וְיִתְהַלָּל

Shin Sin Slide

Choose a partner. Alternate reading the words on each line.

1	שְׁמַע	שֹׁרֶשׁ	שֹׁבֵר	שֹׁכֵן
2	עֹשֶׂה	נֹשֵׂה	עֹשִׂי	סֹשֶׂה
3	מֹשֶׁה	חֹשֶׁךְ	קְדֹשִׁים	שָׁלֹשׁ
4	חָשֹׂף	וְשָׂשֹׂן	וַיֶּחֱשֹׂף	שֹׂנְאַי

Prayer Voice

Practice reading each prayer.
Can you sing the two prayers?

1

עֹשֶׂה שָׁלוֹם בִּמְרוֹמָיו
הוּא יַעֲשֶׂה שָׁלוֹם עָלֵינוּ
וְעַל כָּל יִשְׂרָאֵל
וְאִמְרוּ אָמֵן.

2

וְזֹאת הַתּוֹרָה
אֲשֶׁר שָׂם מֹשֶׁה
לִפְנֵי בְּנֵי יִשְׂרָאֵל
עַל פִּי יְיָ בְּיַד מֹשֶׁה.

Turn back to PRAYER PARTNERS on page 29.
Can you read the four lines in 30 seconds?

Enter your time here:

I read the four lines on page 29 in ________ seconds.

Date: ______________________________

Reading Workout 17

Word Game Relay

Look out! Most of the time וּ says OO (נוּ). Sometimes וּ says V (וָּ וֶּ וְּ).
Count off 1–2–3, 1–2–3… to form 3-person relay teams.
The first player on the team reads the first word-part (צִ).
The second player on the team reads the second word-part (וָּה).
The third player on the team reads the whole word (צִוָּה).

1	צִ	וָּה	צִוָּה	2	גְּמִי	לוּת	גְּמִילוּת
3	וַיְ	קַדֵּשׁ	וַיְקַדֵּשׁ	4	חַ	יִּים	חַיִּים
5	כַּוָּ	נָה	כַּוָּנָה	6	נְקַ	וֶּה	נְקַוֶּה
7	וְצִ	וָּנוּ	וְצִוָּנוּ	8	תְּחִ	לָּה	תְּחִלָּה
9	מְ	צַוְּךָ	מְצַוְּךָ	10	מְצִ	יּוֹן	מְצִיּוֹן

Finish Line

Teams cross the finish line by reading this sentence!

וְהָיוּ הַדְּבָרִים הָאֵלֶּה אֲשֶׁר אָנֹכִי מְצַוְּךָ
הַיּוֹם עַל לְבָבֶךָ.

Time Out

Watch out for שַׁבָּת words as you read each line together.

Player 1 selects a line to read alone. Then calls the name of a classmate (Player 2). That person selects a line to read. Continue around the room.

1 וְשָׁמְרוּ בְנֵי יִשְׂרָאֵל אֶת הַשַּׁבָּת

2 שָׁבַת מִכָּל מְלַאכְתּוֹ אֲשֶׁר בָּרָא אֱלֹהִים לַעֲשׂוֹת

3 עֹלַת שַׁבַּת בְּשַׁבַּתּוֹ

4 זָכוֹר אֶת יוֹם הַשַּׁבָּת לְקַדְּשׁוֹ

5 לַעֲשׂוֹת אֶת הַשַּׁבָּת לְדֹרֹתָם בְּרִית עוֹלָם

6 שָׁמוֹר אֶת יוֹם הַשַּׁבָּת לְקַדְּשׁוֹ

A Shabbat Prayer

Practice reading this prayer.

1 וְשָׁמְרוּ בְנֵי־יִשְׂרָאֵל אֶת־הַשַּׁבָּת

2 לַעֲשׂוֹת אֶת־הַשַּׁבָּת לְדֹרֹתָם בְּרִית עוֹלָם:

3 בֵּינִי וּבֵין בְּנֵי יִשְׂרָאֵל אוֹת הִיא לְעֹלָם כִּי־שֵׁשֶׁת

4 יָמִים עָשָׂה יְיָ אֶת־הַשָּׁמַיִם וְאֶת־הָאָרֶץ

5 וּבַיּוֹם הַשְּׁבִיעִי שָׁבַת וַיִּנָּפַשׁ.

Reading Ruach

Leader calls out a number-letter combination (example: 3D). Class reads the correct word (מָשִׁיחַ) with spirit – ruach!
Then select a complete line (1–4) or a column (A–D) and read all four words with ruach!
Can you read all four lines in 35 seconds?

D	C	B	A	
לְשַׁבֵּחַ	בָּחַרְתָּ	חַג	רוּחַ	1
לְהָנִיחַ	חַיֵּינוּ	מְחַיֵּה	מַטְבֵּחַ	2
מָשִׁיחַ	חַסְדְּךָ	אוֹרֵחַ	בָּחַר	3
חַסְדּוֹ	נָשִׁיחַ	מְשַׂמֵּחַ	חַי	4

Read each phrase with ruach!

1 עִם מָשִׁיחַ בֶּן דָּוִד
2 אֲשֶׁר בָּחַר בָּנוּ מִכָּל הָעַמִּים
3 כִּי הֵם חַיֵּינוּ וְאֹרֶךְ יָמֵינוּ
4 עָלֵינוּ לְשַׁבֵּחַ לַאֲדוֹן הַכֹּל
5 לְעֵת תָּכִין מַטְבֵּחַ

Roll Call

How quickly and accurately can you read these Biblical names?
What is your Hebrew name?

	Men	Women	
	אָדָם	חַוָּה	1
	אַבְרָהָם	שָׂרָה	2
	יִצְחָק	רִבְקָה	3
	יַעֲקֹב	לֵאָה	4
	מֹשֶׁה	רָחֵל	5
	יְהוֹשֻׁעַ	דְּבוֹרָה	6
	יְהוֹנָתָן	יוֹכֶבֶד	7
	בְּצַלְאֵל	צִפֹּרָה	8
	אַהֲרֹן	אֶסְתֵּר	9
	דָּוִד	מִרְיָם	10
	מָרְדְּכַי	חַנָּה	11
	אֵלִיָּהוּ	נָעֳמִי	12

Sing this song about אֵלִיָּהוּ:

1   אֵלִיָּהוּ הַנָּבִיא. אֵלִיָּהוּ הַתִּשְׁבִּי

2   אֵלִיָּהוּ אֵלִיָּהוּ אֵלִיָּהוּ הַגִּלְעָדִי.

3   בִּמְהֵרָה בְיָמֵינוּ יָבֹא אֵלֵינוּ

4   עִם מָשִׁיחַ בֶּן דָּוִד. עִם מָשִׁיחַ בֶּן דָּוִד.

Tet Samech Mem Marathon

Watch out for look-alike letters as you climb Masada.
First player reads the first word. The next player reads words 1 and 2.
The third player reads words 1, 2, and 3. The fourth player reads all four words.

1	מְצָדָה	עִבְרִית	מְסִירָה	מַחֲנֶה
2	מְגִלּוֹת	טַפֵּס	רוֹמָאִי	מִלְחָמָה
3	יַם הַמֶּלַח	הִשָּׁחֵת	מְנֻצָּח	פִּסְגָה

Final Letter Cheer

Count off 1–2–3–4–5, 1–2–3–4–5 and so on around the room to make teams of five players each.

Each team player reads a list of words. (Team A: player 1 = list 1, player 2 = list 2, and so on for players 3, 4, and 5. Then Team B players repeat the game.)

Teams give a group cheer by reading all five lists together.

5	4	3	2	1
הָאָרֶץ	סוֹף	לַאֲדוֹן	הֲמוֹנָם	מְצַוְּךָ
עֵץ	תִּרְדּוֹף	רִאשׁוֹן	כּוֹרְעִים	בִּשְׁלוֹמֶךָ
אֶרֶץ	וַיֶּחֱשֹׂף	אַהֲרֹן	וּמִשְׁתַּחֲוִים	יִתְבָּרַךְ
וְקַבֵּץ	יַם־סוּף	נֶאֱמָן	וּמוֹדִים	מְשִׁיחֶךָ
חִלּוּץ	יוֹסֵף	וְרַחֲמָן	חֲסָדִים	בְּמִצְוֹתֶיךָ

Prayer Time

Read the prayer together.

1 אֵין־כָּמוֹךָ בָאֱלֹהִים אֲדֹנָי וְאֵין כְּמַעֲשֶׂיךָ

2 מַלְכוּתְךָ מַלְכוּת כָּל־עֹלָמִים

3 וּמֶמְשַׁלְתְּךָ בְּכָל־דּוֹר וָדֹר

4 יְיָ מֶלֶךְ יְיָ מָלָךְ יְיָ יִמְלֹךְ לְעֹלָם וָעֶד

5 יְיָ עֹז לְעַמּוֹ יִתֵּן יְיָ יְבָרֵךְ אֶת־עַמּוֹ בַשָּׁלוֹם

Sh'va Jumping Jacks

Count off 1–2–3, 1–2–3, and so on around the room. All 1's form Team 1. All 2's form team 2. All 3's form Team 3.
Team 1 players read the first part of a word (מִצְ). Team 2 players read the second part of a word (וַת). Team 3 players read the whole word (מִצְוַת). Continue with Word 2 and so on through Word 10.

1	מִצְ	וַת	מִצְוַת
2	חֶמְ	לָה	חֶמְלָה
3	נִשְׁ	מָתִי	נִשְׁמָתִי
4	מִצְ	רַיִם	מִצְרַיִם
5	הַמַּמְ	לָכָה	הַמַּמְלָכָה
6	יִתְ	בָּרַךְ	יִתְבָּרַךְ
7	מִלְ	פָנֶיךָ	מִלְּפָנֶיךָ
8	בְּיִרְ	אָתֶךָ	בְּיִרְאָתֶךָ
9	שֶׁהֶחֱ	זַרְתָּ	שֶׁהֶחֱזַרְתָּ
10	לְהִתְ	עַטֵּף	לְהִתְעַטֵּף

Wake-Up Prayer

Read and sing this morning prayer!

1 מוֹדֶה (מוֹדָה) אֲנִי לְפָנֶיךָ
2 מֶלֶךְ חַי וְקַיָּם
3 שֶׁהֶחֱזַרְתָּ בִּי נִשְׁמָתִי בְּחֶמְלָה
4 רַבָּה אֱמוּנָתֶךָ.

Passover Long Jump

Read each line together. The first ten words on lines 1 and 2 are the Ten Plagues. Can you read all the plagues in 10 seconds? The five words on line 3 are five items on the Passover plate. Can you read all the items in 5 seconds?

1 דָּם צְפַרְדֵּעַ כִּנִּים עָרוֹב דֶּבֶר

2 שְׁחִין בָּרָד אַרְבֶּה חֹשֶׁךְ מַכַּת בְּכוֹרוֹת

3 זְרוֹעַ מָרוֹר בֵּיצָה חֲרוֹסֶת כַּרְפַּס

4 וְהוֹצֵאתִי וְהִצַּלְתִּי וְגָאַלְתִּי וְלָקַחְתִּי וְהֵבֵאתִי

5 הַלַּיְלָה מַצָּה יְרָקוֹת פְּעָמִים מְסֻבִּין

Blessing Bee

Read the Passover blessings together.

1 בָּרוּךְ אַתָּה יְיָ אֱלֹהֵינוּ מֶלֶךְ הָעוֹלָם מְקַדֵּשׁ
יִשְׂרָאֵל וְהַזְּמַנִּים.

2 בָּרוּךְ אַתָּה יְיָ אֱלֹהֵינוּ מֶלֶךְ הָעוֹלָם שֶׁהֶחֱיָנוּ וְקִיְּמָנוּ
וְהִגִּיעָנוּ לַזְּמַן הַזֶּה.

3 בָּרוּךְ אַתָּה יְיָ אֱלֹהֵינוּ מֶלֶךְ הָעוֹלָם הַמּוֹצִיא
לֶחֶם מִן הָאָרֶץ.

4 בָּרוּךְ אַתָּה יְיָ אֱלֹהֵינוּ מֶלֶךְ הָעוֹלָם אֲשֶׁר קִדְּשָׁנוּ
בְּמִצְוֹתָיו וְצִוָּנוּ עַל אֲכִילַת מַצָּה.

5 בָּרוּךְ אַתָּה יְיָ אֱלֹהֵינוּ מֶלֶךְ הָעוֹלָם אֲשֶׁר קִדְּשָׁנוּ
בְּמִצְוֹתָיו וְצִוָּנוּ עַל אֲכִילַת מָרוֹר.

Reading Workout 21

Bowl-A-Thon

Divide into three teams.

Team members read each word (1–10) to knock down the pins.

Read all ten words to score a strike!

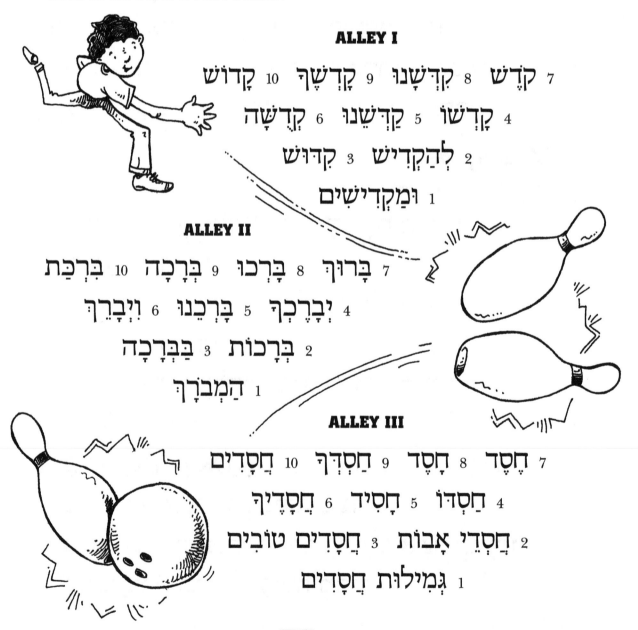

ALLEY I

7 קֹדֶשׁ 8 קִדְּשָׁנוּ 9 קָדְשֶׁךָ 10 קָדוֹשׁ

4 קָדְשׁוֹ 5 קַדְּשֵׁנוּ 6 קְדֻשָּׁה

2 לְהַקְדִּישׁ 3 קִדּוּשׁ

1 וּמַקְדִּישִׁים

ALLEY II

7 בָּרוּךְ 8 בָּרְכוּ 9 בְּרָכָה 10 בִּרְכַּת

4 יְבָרֶכְךָ 5 בָּרְכֵנוּ 6 וִיבָרֵךְ

2 בְּרָכוֹת 3 בַּבְּרָכָה

1 הַמְבֹרָךְ

ALLEY III

7 חֶסֶד 8 חָסֶד 9 חַסְדְּךָ 10 חֲסָדִים

4 חַסְדּוֹ 5 חָסִיד 6 חֲסָדֶיךָ

2 חַסְדֵי אָבוֹת 3 חֲסָדִים טוֹבִים

1 גְּמִילוּת חֲסָדִים

Word Play

Read the word in the box.
Read the family word in each phrase which follows.
Then read each complete phrase aloud.

1 מוֹעֵד

מוֹעֲדִים לְשִׂמְחָה

וּמוֹעֲדֵי קָדְשֶׁךָ

2 שִׂמְחָה

וּמוֹעֲדִים לְשִׂמְחָה

בְּשִׂמְחָה וּבְשָׂשׂוֹן

3 זְמַן

זְמַן חֵרוּתֵנוּ

זְמַן מַתַּן תּוֹרָתֵנוּ

4 יוֹם

אֶת יוֹם הַשַּׁבָּת הַזֶּה

וְאֶת יוֹם חַג הַמַּצּוֹת

5 שַׁבָּת

שַׁבָּתוֹת לִמְנוּחָה

אֶת יוֹם הַשַּׁבָּת הַזֶּה

6 חַג

חַג הַשָּׁבוּעוֹת הַזֶּה

חַג הַסֻּכּוֹת הַזֶּה

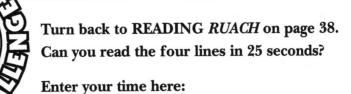

Turn back to READING *RUACH* on page 38.
Can you read the four lines in 25 seconds?

Enter your time here:

I read the four lines on page 38 in ________ seconds.

Date: ______________________

Double Sh'va Toss

Count off 1–2–3, 1–2–3, and so on around the room to form teams of three players each. First player reads the first word-part (קָדְ). Second player reads the second word-part (שְׁךָ). Third player reads the whole word (קָדְשְׁךָ). Next team reads and so on.

1	קָדְ	שְׁךָ	קָדְשְׁךָ
2	לְעָבְ	דְךָ	לְעָבְדְךָ
3	מִשְׁ	פְּטֵי	מִשְׁפְּטֵי
4	חַסְ	דְּךָ	חַסְדְּךָ
5	אֶבְ	רְכָה	אֶבְרְכָה
6	וְנִשְׁ	מְחָה	וְנִשְׁמְחָה
7	כְּמִשְׁ	פְּחוֹת	כְּמִשְׁפְּחוֹת
8	מִשְׁ	כְּנֹתֶיךָ	מִשְׁכְּנֹתֶיךָ

Prayer Power

Practice reading this passage. Do you know the name of the prayer?

1 מַה־טֹּבוּ אֹהָלֶיךָ יַעֲקֹב מִשְׁכְּנֹתֶיךָ יִשְׂרָאֵל!

2 וַאֲנִי בְּרֹב חַסְדְּךָ אָבוֹא בֵיתֶךָ

3 אֶשְׁתַּחֲוֶה אֶל־הֵיכַל־קָדְשְׁךָ בְּיִרְאָתֶךָ.

Songfest: זִמְרִיָּה

Practice reading and singing a selection from these prayers each time
your class meets.

1 לְכָה דוֹדִי לִקְרַאת כַּלָּה, פְּנֵי שַׁבָּת נְקַבְּלָה.

2 בּוֹאִי בְשָׁלוֹם עֲטֶרֶת בַּעְלָהּ גַּם בְּשִׂמְחָה וּבְצָהֳלָה.

3 תּוֹךְ אֱמוּנֵי עַם סְגֻלָּה בּוֹאִי כַלָּה בּוֹאִי כַלָּה.

1 מִי־כָמֹכָה בָּאֵלִם, יְיָ, מִי כָּמֹכָה נֶאְדָּר בַּקֹּדֶשׁ,

2 נוֹרָא תְהִלֹּת, עֹשֵׂה־פֶלֶא.

3 יְיָ יִמְלֹךְ לְעוֹלָם וָעֶד.

1 שִׂים שָׁלוֹם טוֹבָה וּבְרָכָה בָּעוֹלָם חֵן וָחֶסֶד וְרַחֲמִים

2 עָלֵינוּ וְעַל־כָּל־יִשְׂרָאֵל עַמֶּךָ. בָּרְכֵנוּ אָבִינוּ כֻּלָּנוּ

3 כְּאֶחָד בְּאוֹר פָּנֶיךָ.

1 עָלֵינוּ לְשַׁבֵּחַ לַאֲדוֹן הַכֹּל

2 לָתֵת גְּדֻלָּה לְיוֹצֵר בְּרֵאשִׁית.

3 שֶׁלֹּא עָשָׂנוּ כְּגוֹיֵי הָאֲרָצוֹת

4 וְלֹא שָׂמָנוּ כְּמִשְׁפְּחוֹת הָאֲדָמָה.

1 עֹשֶׂה שָׁלוֹם בִּמְרוֹמָיו, הוּא יַעֲשֶׂה שָׁלוֹם

2 עָלֵינוּ וְעַל־כָּל־יִשְׂרָאֵל, וְאִמְרוּ: אָמֵן.

Awarded to

_____

(STUDENT'S NAME)

For Accurate and Fluent Hebrew Reading

By

_____

(TEACHER'S NAME)

On

_____

(DATE)